Pixel Paint

Pixel Art Coloring Book

Volume 2

Smart Things Begin With Griddlers.net

Pixel Paint – Pixel Art Coloring Book (Volume 2)

Published by: Griddlers.net
a division of A.A.H.R. Offset Maor Ltd

Author: Griddlers Team

Compiler: Shirly Maor

Cover design: Elad Maor

Editor: Shirly Maor

Cover background elements by: freepic
Contributors: AgInUbLw, aksis, Anawer, carootje, Draak, dromidror, elad, elimaor, farfalla19, Justmeself, M1sk4, maarten001, meszi, Miepf, mitulka, Nicky, Oskar, painter100, pendexj, puzzleguzzler, shadows728, sslug, summerwalker, woa, zuzanka14.

ISBN: 978-9657679197

For more information:
Email: team@griddlers.net
Website: http://www.griddlers.net

Screen

Birthday Gift

Swan at Sunset

Weightlifting

Penguin

Painting Brush

Watermelon

Truck

Orchard

Island

Electricity Plug

Clown

Dino

I Was Hiding

Squirrel

Upward Bow Pose

Face

Owl

Acorns

Column clues (top)

	5				4										
	1				3			1							
8	1		7	8	2	3	2	1		2	2	2	3		
2	3	5	3	2	1	2	2	2	4	2	2	2	2	4	
3	4	5	4	3	2	3	6	7	8	8	7	6	3	2	
2	1	5	1	2	3	7	5	4	3	3	4	5	7	9	

Row clues (left)

				8	2	5
				9	1	5
				7	6	2
				6	8	1
			5	2	6	2
1	2	2	1	8	1	
2	1	2	1	8	1	
	1	3	2	8	1	
			5	2	6	2
			6	1	6	2
			6	2	4	3
			6	3	2	4
				5	10	
				1	3	11
				2	1	12

Acorns

Little Blue Bird

Column clues (top)

		2						5	4	4	2			
	4	1					5	5	5	5	5	4		
7	4	1	5	7	3	5		5	2	2	1	3	4	
7	1	2	1	7	6	6	3	6	1	1	1	3	2	3
1	1	5	5	1	1	5	6	8	3	1	2	1	2	2
7	6	4	2	1	1	1	1	1	1	1	1	1	1	2

Row clues (left)

			5	1	9
			4	2	9
	3	3	7	1	1
	3	4	6	1	1
	2	5	4	3	1
	2	6	1	5	1
	2	3	3	6	1
2	1	1	2	2	5	2
	1	5	1	6	1	1
		2	9	3	1
		2	7	3	3
	3	7	1	3	1
	3	8	1	1	2
	4	2	4	4	1
			6	4	5

Little Blue Bird

Tractor

Ribbon

Mouse

Snail

Dog

Pink Tink

Flower of Hearts

Winter View

Baby Tiger

Cool Bee

William Tell

Fishing the Fish

Cycling

										2									
										1	2								
								1	2	1	1								
								1	1	3	1	3							
				5	4			2	1	1	2	1	4	3			2		
				3	4	1	1	5	5	2	2	1	2	2	3	3	2	4	
		6	5	2	1	3	3	1	2	2	1	4	1	2	1	2	2	1	4
		1	3	1	1	5	5	3	3	3	2	1	3	1	2	2	1	4	1
10	11	4	2	2	2	2	3	3	1	1	2	1	1	2	3	1	1	1	7
1	1	1	1	3	5	6	5	3	3	2	3	4	7	9	9	8	1	2	2
9	8	8	9	4	3	3	3	1	2	2	4	5	2	1	2	4	11	8	6

									6	2	12
									8	1	11
						9	1	2	5	1	2
				11	1	1	1	1	2	1	2
						5	8	1	2	2	2
						3	9	3	2	1	2
					2	9	2	1	2	2	2
					3	7	1	3	1	2	3
				6	4	1	1	4	1	1	2
		5	3	2	2	1	2	2	1	1	1
1	2	2	1	3	2	2	1	3	1	1	1
		1	2	3	1	3	2	5	1	1	1
					5	3	3	1	5	2	1
						4	5	3	5	2	1
							4	6	2	5	3
					4	5	2	1	1	4	3
					5	3	2	1	2	3	4
							10	1	2	3	4
							9	1	4	1	5
									8	2	10

Bumblebee

Wake Up!

Miss Mouse

Red Pepper

Tea Anyone?

Cap

Goldfish

Doggy

Christmas Time

Crown

Two Birds

Party Mask

Bonsai

Peony

Koala

Pixel Paint, Vol. 2

Snowman

Pelican Briefly

Column clues (top):

								9		3														
					1	7	8	8	11	1	2													
				18	4	10	9	1	6	1	2	1												
				1	12	2	1	1	1	1	11	7	4											
			18	2	2	1	2	3	1	4	3	4	1	1	1	1	1	1						
			2	1	1	2	2	1	2	3	3	7	5	7	9	10	11	11						
22	21	19	19	1	3	2	2	2	3	2	2	2	2	4	4	3	3	3	5					
2	2	3	2	2	1	3	2	2	2	3	3	3	6	14	11	10	8	6	2	1	1	1	1	1
3	4	5	7	5	2	1	2	2	1	2	3	2	3	3	3	2	2	2	3	11	10	9	7	1
3	3	3	2	2	2	4	2	2	1	2	2	3	3	3	4	5	6	7	8	18	19	20	22	28

Row clues (left):

				7	6	12	
		6	5	1	1	12	
			6	7	11	1	
			6	6	12	1	
			6	6	12	1	
		7	5	2	10	1	
		7	5	3	9	1	
		8	5	2	9	1	
		9	4	3	7	2	
		10	4	2	7	2	
		10	5	2	5	3	
		11	4	3	3	4	
				11	5	9	
				12	5	8	
				13	5	7	
				13	6	6	
				14	5	6	
		6	7	1	6	5	
		4	4	3	9	5	
	2	3	4	10	1	5	
2	2	2	5	2	6	1	5
1	2	1	6	3	5	2	5
	2	2	1	6	6	2	6
		1	8	6	3	7	
			7	6	4	8	
			5	6	5	9	
			6	1	8	10	
		3	3	1	5	13	
		6	1	2	1	15	
				6	1	18	

The Bad Mushroom

Ugly Duckling

Invisible Man

Viking Ship

Sewing Machine

Hibiscus

Chameleon

GRiDDLeRS
Logic Puzzles

Type of puzzles available in Griddlers Books:

Picture Logic Puzzles:

Griddlers

Triddlers

MultiGriddlers

Number Logic Puzzles:

Soduko

8	1	2	5	7	9	4	3	6
4	6	9	1	3	2	5	8	7
5	3	7	6	8	4	9	1	2
6	7	4	8	5	1	2	9	3
1	8	3	2	9	7	6	4	5
2	9	5	4	6	3	1	7	8
9	5	8	3	1	6	7	2	4
7	2	6	9	4	8	3	5	1
3	4	1	7	2	5	8	6	9

Jigsaw

4	2	3	6	5	1
1	5	4	3	6	2
6	1	2	5	3	4
2	3	6	4	1	5
3	4	5	1	2	6
5	6	1	2	4	3

Killer

Kakuro

Less Than

Futoshiki

Kalkudoku

Straights

Smart Things Begin With Griddlers.net

www.ingramcontent.com/pod-product-compliance
Lightning Source LLC
Chambersburg PA
CBHW060824090426
42738CB00003B/102